Curso para padres de familia

Cómo amar y guiar a nuestros hijos

MANUAL DE ADOLESCENCIA
(hijos de 11 a 18 años de edad)

Publicado por Alpha Américas, 2275 Half Day Road, Suite 185, Deerfield, IL
60015 (EE.UU.)

Curso para padres de familia - Manual de adolescencia

Primera impresión realizada por Alpha Américas en 2011

Traducción al español: Cristian Franco

Impreso en los Estados Unidos de América

ISBN 978-1-938328-35-0

Contenidos

Este manual ha sido diseñado para utilizarse durante el "Curso para padres de familia", junto al paquete de DVD o las charlas en vivo. Por favor, diríjase a la página 78 para obtener más información acerca de cómo sumarse a un curso o llevar a cabo uno.

Reconocimientos

Estamos profundamente agradecidos a las siguientes personas por su ayuda y aliento en la creación de este "Curso para padres de familia":

Rob Parsons, por su inspiración, sus historias e ilustraciones en sus libros y charlas.

Ross Campbell, por las ideas y los conceptos vertidos en sus libros, en especial acerca de cómo manejar el enojo.

Gary Chapman, por la ayuda que su concepto de los cinco lenguajes del amor ha significado para nosotros y muchos otros padres.

Nicky y Sila Lee

Los autores y el editor reconocen con gratitud el permiso para reproducir en este libro materiales registrados bajo el derecho de autor. Se ha realizado todo el esfuerzo posible para rastrear y contactar a los titulares de los derechos de autor. Si hubiere alguna omisión inadvertida pedimos disculpas a los interesados, cerciorándonos de que el reconocimiento apropiado sea efectuado en todas las ediciones futuras.

El ejercicio (p. 15) ha sido adaptado de Walt Mueller, *Understanding Today's Youth Culture (en español: "Comprendiendo la cultura juvenil actual")*, Tyndale House Publishers, 1994. Reproducido con permiso del autor.

La tabla (p. 23) ha sido adaptada de Tim Smith, *Almost Cool (en español: "Casi genial")*, Moody Publishers, 1997. Reproducido con permiso del editor.

El diagrama (p. 32) corresponde a Sue Palmer, *Toxic Childhood (en español, "Infancia tóxica")*, Orion Books, 2006. Reproducido con permiso del editor.

Las reglas SMART para tener una navegación segura en la Internet (p. 63) corresponde a © Childnet International 2002-2011 y se reproducen con permiso. **childnet.com**

El ejercicio titulado "Enfrentar los retos y desafíos" (p.70-72) ha sido adaptado de Michael y Terri Quinn, What Can a Parent Do? *(en español: "¿Qué puede hacer un padre?")*, Family Caring Trust, 1986. Reproducido con permiso.

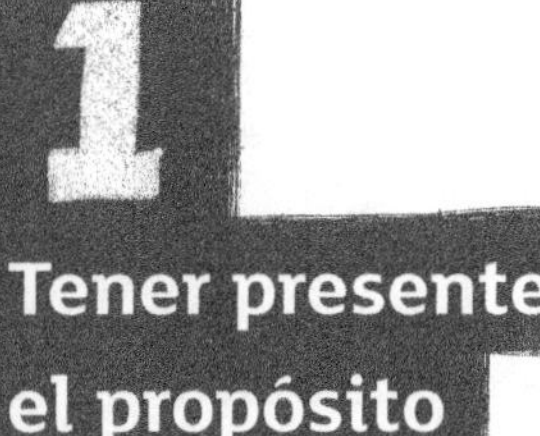

1 Tener presente el propósito

Parte 1 Comprender la transición

Propósito del curso

- Fortalecer la relación que usted tiene con su/s adolescente/s

Contenido del curso

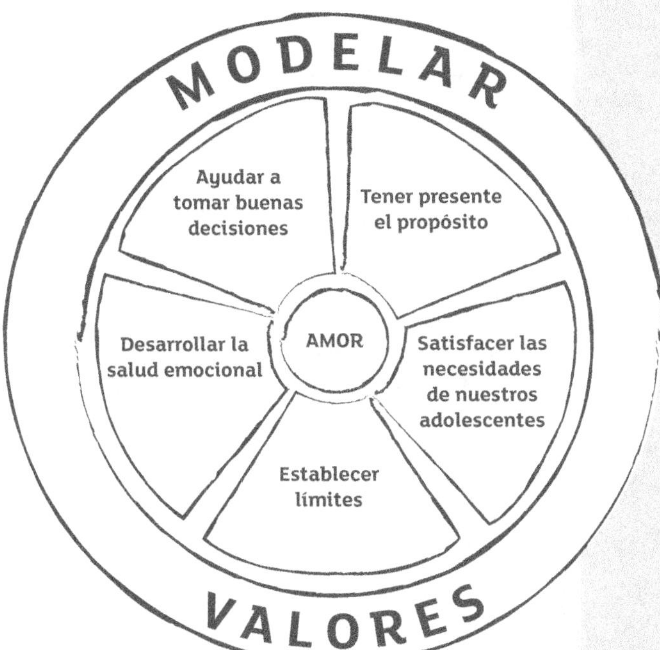

Notas

Principios del curso

- Las comparaciones no son útiles: cada famila es única y cada padre tiene su propio estilo de paternidad
- Principios generales para educar adolescentes
- El valor del diálogo con otros padres

Adaptarse a esta nueva etapa de la paternidad

1. Realizar ajustes

- Los años de la adolescencia son una época de transición
- Los hijos están cambiando y debemos cambiar la forma en que ejercemos nuestra paternidad
- El inicio de la pubertad
- Los efectos de las nuevas hormonas
- Los adolescentes necesitan comprensión y aceptación, así como dirección y límites

2. Comprender las presiones

- Presiones sobre los adolescentes:
  - sociedad de consumo
  - expectativas que alcanzar
  - deseo de amoldarse a su grupo de pares
- Presiones sobre los padres de adolescentes:
  - rapidez de la vida
  - energía emocional requerida

3. Recordar nuestro propósito a largo plazo

- Mantener y desarrollar la relación con nuestros adolescentes
- Ayudarlos a crecer en madurez, como adultos responsables
- Desarrollar su carácter y ayudarlos a aprender buenos valores

Para cursos de cinco y diez semanas
Ejercicio

Desarrollo del carácter

¿Cuáles son las características que eventualmente usted espera desarrollar en su/s adolescentes?
Escriba algunas aquí abajo
(por ejemplo, honestidad, autocontrol, respeto por la autoridad, fidelidad, responsabilidad)

1. ______________________________

2. ______________________________

3. ______________________________

4. ______________________________

¿Cómo podría contribuir para desarrollar en ellos estas características?

1. ______________________________

2. ______________________________

3. ______________________________

4. ______________________________

Converse con una o dos personas del grupo acerca de lo que acaba de responder

Solo para cursos de diez semanas

Diálogo en el grupo pequeño

1. ¿Cuáles considera que son las principales presiones sobre su/s hijo/s adolescente/s en este momento?

2. ¿Cuáles son las principales presiones sobre usted?

3. ¿Qué ha sido de ayuda para desarrollar su relación con su/s adolescente/s?

4. ¿De qué manera está ayudando a su/s adolescente/s para que desarrollen las características que usted escribió en el ejercicio que acaba de realizar?

Tarea – Complete el **Ejercicio 1** en la página 15

Parte 2 Desarrollar relaciones sólidas

Notas

El rol de la familia

- La familia continúa siendo importante para los adolescentes
- Nuestro hogar es una expresión de nuestra vida familiar

1. El hogar como un espacio de seguridad y aceptación

- Nuestra familia puede ser un refugio frente a las diferentes tormentas que nuestros adolescentes enfrentarán: decepciones, fracasos, rechazos
- Cuando se sientan heridos, necesitarán nuestro alivio y consuelo
- En la práctica, podemos demostrárselo al permitirles hablar y escucharlos
- La comunicación eficaz con los adolescentes demanda tiempo
- Dialogar y debatir con los adolescentes resulta más eficaz que sermonearlos y juzgarlos

2. El hogar como un ambiente donde aprender buenos valores

- Los adolescentes aprenden más por medio de lo que ven que lo que les digamos que deberían hacer
- Aprender a ser sinceros, generosos y hospitalarios; aprender a manejar la ira, resolver los conflictos, pedir disculpas y perdonar
- "De tal padre, tal hijo"; "de tal madre, tal hija". Nuestros adolescentes aprenderán más de nosotros que de ninguna otra persona... si estamos allí, a su alcance

3. El hogar como un sitio de diversión

- Como padres tal vez debamos propiciar un ambiente más tranquilo en donde todos podamos relajarnos

Notas

- Los adolescentes quieren estar donde está la diversión
- ¿Pueden traer a sus amigos a casa? Considere crear algún espacio "amigable-para-adolescentes" dentro de su hogar
- Tengan tiempos tranquilos durante las comidas como familia
- Ríanse juntos
- El valor de las vacaciones familiares

4. El hogar como un lugar donde aprender acerca de las relaciones

- Los adolescentes aprenden a relacionarse por medio de la observación de las relaciones entre adultos
- Si llevan adelante la paternidad como pareja, consideren realizar el "Curso para matrimonios", a fin de invertir en su relación
- Si no llevan la paternidad juntos, traten de tener la mejor relación posible con el padre/la madre de sus hijos
- Cultiven otras amistades adultas
- Tiempos de comida juntos: los adolescentes aprenden a hablar, escuchar, debatir cuestiones, y respetar los puntos de vista de los demás
- Tiempo frecuente en familia: divertirse juntos como familia ayuda a desarrollar relaciones entre los padres y los hijos, así como entre hermanos (consideren tener una "noche familiar" semanal)

Solo para cursos de cinco semanas

Diálogo en el grupo pequeño

1. ¿Cuáles considera que son las principales presiones sobre su/s hijo/s adolescente/s en este momento?

2. ¿Cuáles son las principales presiones sobre usted?

3. ¿Cómo podría contribuir para brindar ayuda a su/s adolescente/s?

4. ¿Tienen un tiempo familiar en forma habitual?

5. ¿Cuáles han sido las vacaciones más exitosas que hayan tenido como familia?

Tarea – Complete los **Ejercicios 1 y 2** en las páginas 15 a 17

Solo para cursos de diez semanas

Diálogo en el grupo pequeño

1. ¿Cómo podría contribuir para brindar ayuda a su/s adolescente/s?

2. ¿Qué valores está buscando transmitir?

3. ¿Qué cambios le gustaría hacer en su vida familiar/su casa?

4. ¿Tiene un tiempo familiar habitual en forma cotidiana/semanal?

5. ¿Cuáles han sido las vacaciones más exitosas que hayan tenido como familia?

Tarea – Complete el **Ejercicio 2** en las páginas 16 y 17

Tarea para el hogar 

Ejercicio 1 (para dialogar con su/s hijo/s adolescente/s)

Pregunte a su/s hijo/s adolescente/s cuáles de los siguientes puntos son los más importantes para él/ellos:

1. Padres que no pelean delante de ellos
2. Padres que tratan por igual a cada miembro de la familia
3. Padres que son honestos
4. Padres que son tolerantes con los demás
5. Padres que reciben a sus amigos en su casa
6. Padres que desarrollan un sentido de identidad familiar
7. Padres que responden sus preguntas
8. Padres que imponen sanciones cuando son necesarias pero no lo hacen frente a los demás, en especial delante de sus amigos
9. Padres que se concentran en los aspectos buenos en lugar de remarcar las debilidades
10. Padres que son coherentes
11. Padres que no les gritan
12. Padres que no los controlan
13. Padres que los escuchan
14. Padres que pasan tiempo con ellos

Adaptado de Walt Mueller, *Understanding Today's Youth Culture (en español: "Comprendiendo la cultura juvenil actual")*

Ejercicio 2

¿Cuánto tiempo pasa (en promedio) con su/s adolescente/s?

1. Durante la semana, ¿los ve en la mañana? SÍ / NO

   Si fuere afirmativo, ¿cuánto tiempo? ______________________

2. Durante la semana, ¿los ve en la noche? SÍ / NO

   Si fuere afirmativo, ¿cuánto tiempo? ______________________

3. ¿Pasa tiempo con ellos durante el fin de semana? SÍ / NO

   Si fuere afirmativo, ¿cuánto tiempo durante el sábado? ______________________

   Si fuere afirmativo, ¿cuánto tiempo el domingo? ______________________

4. ¿Pasan tiempo juntos como familia? SÍ / NO

   Si fuere afirmativo, ¿cuán a menudo? ______________________

   ¿Cuánto tiempo? ______________________

5. ¿Pasa tiempo con cada hijo en forma personal? SÍ / NO

   Si fuere afirmativo, ¿cuán a menudo? ______________________

   ¿Cuánto tiempo? ______________________

Ejercicio 2 (continuación)

6. Por favor escriba los cambios, si hubiere, que le gustaría efectuar en su rutina.

Días de semana:

____

____

____

Fines de semana:

____

____

____

2

Satisfacer las necesidades de nuestros adolescentes

Repaso

Sesión 1: Tener presente el propósito

- Ayudar a nuestro/s adolescente/s a crecer hacia la madurez y la independencia
- Nuestro hogar debe ser:
  - un espacio de seguridad
  - un sitio para aprender valores para la vida
  - un ambiente de diversión
  - un lugar para aprender a desarrollar relaciones
- Desarrollar una vida familiar saludable
  - comidas en familia
  - tiempo familar (divertirse juntos)
  - vacaciones familiares

Para conversar:

- Para usted, ¿qué fue lo más relevante de la Sesión 1?
- ¿Ha organizado algún "tiempo familiar" desde entonces?

Parte 1 Los cinco lenguajes del amor

Desarrollar la confianza de sus adolescentes

- La mayor necesidad de nuestros adolescentes es sentirse amados y aceptados durante esta enorme transición en su vida. La adolescencia es un tiempo de:
  - autodescubrimiento
  - esfuerzos hacia la independencia
  - muchos interrogantes personales
  - presión de los pares

- Ellos pueden llegar a experimentar muchas dudas personales y sentirse torpes y poco amados
- La confianza reside en:
  - seguridad (saber que son amados)
  - autoestima (saber que son valiosos)
  - importancia (saber que hay un propósito para su vida)
- Buscar mantener su "cisterna emocional" llena de amor:
  - su conducta funciona como el indicador de nivel que nos muestra cuán llenos de amor sienten que están
- Saber que son amados y aceptados los capacita a largo plazo para:
  - resistir la presión de los pares, cuando deban hacerlo
  - tomar buenas decisiones
  - desarrollar relaciones estrechas

Descubrir de qué manera sus adolescentes se sienten amados

- Descubrir la manera principal mediante la que cada adolescente se siente amado, sea a través de alguna de estas formas:
  - tiempo
  - palabras
  - contacto físico
  - regalos
  - acciones

  (ver *"Los cinco lenguajes del amor de los jóvenes"*, escrito por Gary Chapman)
- La importancia de un lenguaje del amor específico puede haber cambiado a medida que el hijo pasó de la niñeza a la adolescencia

1. Tiempo personal

- La importancia de dar a nuestros adolescentes nuestra atención indivisa
- Hacer algo con ellos; no tiene por qué ser algo costoso a nivel financiero
- Preguntarles acerca de lo que disfrutan hacer
- No elevar demasiado el listón: aprovechar las oportunidades, por ejemplo: salir a comprar

Notas

una pizza, pasear al perro juntos, jugar o mirar un deporte, ir al cine o a un concierto
- Considerar pasar un mayor período de tiempo con cada hijo una vez al año

2. **Palabras de afirmación**
   - Las palabras que decimos a nuestros adolescentes pueden permanecer en ellos por el resto de su vida
   - Expresar nuestro amor por ellos, que nos sentimos orgullosos de que sean nuestros hijos
   - Afirmarlos (no solo cuando sean complacientes para con usted; no solo por sus logros)
   - Afirmar su apariencia
   - Aspirar a decir cinco comentarios positivos por cada comentario negativo
   - Encontrar cosas por las cuales elogiarlos
   - Las palabras amorosas desarrollan confianza y afectan positivamente sus actitudes
   - Las palabras amorosas pueden ser tanto habladas como escritas

3. **Contacto físico afectuoso**
   - Los adolescentes pueden sentir vergüenza por el contacto físico y aun así desearlo
   - Evitar avergonzarlos
   - Hallar formas y momentos apropiados para mantener contacto físico si se sientieran cohibidos

4. **Regalos atentos**
   - Una forma de mostrar nuestro amor incondicional – no solo en base a su conducta o rendimiento
   - Para celebrar cumpleaños, Navidad/otras festividades
   - Utilizar regalos para celebrar logros o consolar cuando estén luchando
   - Puede ser algo pequeño pero que produzca gran impacto
   - Descubrir qué resulta especial para cada hijo

5. **Acciones amables**
   - Ver las acciones amables que usted realiza a menudo como una forma de mostrarles su amor
   - Buscar oportunidades para realizar algo adicional por ellos

- Tener cuidado de no "salvarlos", de otra manera ellos no aprenderán de sus propios errores
- Déles una creciente responsabilidad – no haga todo por ellos
- Recuérdeles expresar gratitud por lo que ustedes u otras personas hicieren por ellos

Para cursos de cinco y diez semanas

Ejercicio

Clasificación de los lenguajes del amor

Tiempo personal - Palabras de afirmación - Contacto físico afectuoso - Regalos atentos - Acciones amables

1. En relación a usted y sus hijos adolescentes, ¿cuál es la importancia relativa de estas cinco maneras de expresar amor? Intente clasificarlos en orden de prioridad:

Usted

1. __________
2. __________
3. __________
4. __________
5. __________

Su hijo

1. __________
2. __________
3. __________
4. __________
5. __________

Otro hijo (si correspondiere)

1. __________
2. __________
3. __________
4. __________
5. __________

Otro hijo (si correspondiere)

1. __________
2. __________
3. __________
4. __________
5. __________

(Realice/n una lista similar si tuviere/n más hijos)

Sigue a continuación ⇨

Ejercicio (continuación)

2. ¿Cómo podrían estas listas servir de ayuda durante la próxima semana en su manera de ejercer la paternidad/maternidad?

____

____

Converse con una o dos personas del grupo acerca de lo que acaba de responder

Solo para cursos de diez semanas

Diálogo en el grupo pequeño

1. ¿Cuál de las cinco formas de expresar amor fue la más importante durante su propia crianza?

____

____

2. ¿Recuerda algún ejemplo en particular acerca de su/s padre/s mostrándole amor de ese modo?

____

____

3. ¿Cómo le hizo sentir?

____

4. ¿Cuál de las cinco expresiones de amor le resulta más difícil mostrar a sus hijos?

____

Tarea – Complete el **Ejercicio 1** en las páginas 28 y 29

Parte 2 Comunicación eficaz

Adaptar nuestro enfoque

- La comunicación no resulta siempre sencilla durante los años de la adolescencia
- La curva de aprendizaje para la mayoría de los padres
- Los adultos y los adolescentes tienden a comunicarse de distintas maneras

Notas

La forma en que muchos adultos tienden a comunicarse	*La forma en que la mayoría de los adolescentes tiende a comunicarse*
Por medio de la razón, la lógica, un tema a la vez	En forma aleatoria, cambiando fácilmente de un tema a otro
Para resolver problemas, obtener resultados, cambiar comportamientos	Hablando largo y tendido sin buscar soluciones
Sermoneando o moralizando, a veces poniéndose pesados e intensos	Dejar cosas con finales abiertos; no necesitan tener un “punto”; disfrutan hablar por el hecho de hablar
Estilo interrogativo: “¿Has hecho...?” “¿Estás haciendo...?” “¿No te parece que...?”, etc.	Se abren cuando menos lo esperamos y por lo general no a nuestro requerimiento
A menudo sobre la base de mucha experiencia para apoyar sus argumentos; sosteniendo un punto de vista firme	A menudo sobre la base de una experiencia limitada para expresar su punto; explorando opciones
Presionando para conocer por completo la situación, para aprender todos los detalles	Menos enfocados; distraídos con mayor facilidad; breve capacidad de atención
Generalmente apurados. Tienen grandes expectativas de lo que puede lograrse en una breve cantidad de tiempo	No se los puede apurar. Tienen su propio cronograma, y a menudo es muy lento

Adaptado de Tim Smith, *Almost Cool (en español: “Casi genial”)*

- Si permitimos que nos digan lo que encuentran difícil acerca de cómo nos comunicamos con ellos, serán más propensos a escucharnos cuando tengamos que decirles lo que nos resulta difícil acerca de cómo se comunican con nosotros
- Comprender que, a veces, a los adolescentes les gusta llevar la contraria. (Si nos ponemos pesados e intensos, probablemente ellos reaccionarán con mayor firmeza solo por complicarnos la situación)
- Es importante darles espacio. Respetar su privacidad. No intentar controlar cada aspecto de su vida. No esperar que nos cuenten todo lo que les sucede

Comunicación eficaz con adolescentes

1. **Estar disponible**
    - Demostrar que estamos disponibles y listos para escuchar ayudará a que nuestros adolescentes se abran
    - Aprovechar oportunidades para tener conversaciones importantes, cuando surjan. ¡No siempre será el momento más conveniente para nosotros!
    - Separar un tiempo habitual para hablar con ellos

2. **Aprender a escuchar**
    - Tratarlos como adultos jóvenes (no como niños). Escuchar con atención sus puntos de vista y sus sentimientos
    - "La comunicación eficaz demanda que los padres aprendan a hablar con sus adolescentes en vez de hablarles a sus adolescentes..." Gary Chapman *("Los cinco lenguajes del amor de los jóvenes")*
    - Participe en el diálogo y esté preparado/a para debatir acerca de temas en lugar de repetir simples frases hechas como "eres demasiado joven como para tener un novio", "las drogas son peligrosas"

3. **Dar atención plena**
   - Reconocer los momentos importantes para escuchar y dar su atención plena
   - No intentar escuchar a su hijo mientras realiza algo al mismo tiempo
   - Mantenga contacto visual; observe el lenguaje corporal de su adolescente

4. **Mostrar interés en el mundo de su/s adolescente/s**
   - Realice preguntas acerca de sus intereses y escuche sus respuestas
   - Trátelos como individuos únicos con sus propios puntos de vista y gustos personales

5. **Prestar atención a los sentimientos**
   - Permita que expresen las emociones negativas
   - No se apresure a dar soluciones rápidas

6. **Tratar de evitar interrumpirles**
   - La persona promedio escucha solo durante unos diecisiete segundos
   - Resista el deseo de estar a la defensiva o de atacar y corregir

7. **Reflexionar sobre lo que han dicho**
   - Exprese lo que usted considera que estén tratando de decirle, en particular acerca de sus sentimientos
   - Utilice algunas de las palabras y frases que ellos hayan dicho

8. **Responder en forma adecuada**
   - Dé dirección y tranquilidad
   - Es probable que recuerden nuestras palabras durante los años venideros

9. **Asumir una visión de largo plazo**
   - A veces cualquier clase de comunicación importante con los adolescentes puede significar una gran batalla
   - Las dificultades suelen ser el resultado de una etapa que estén viviendo
   - Intente fomentar las condiciones para que la conversación resulte amena, por ejemplo: durante la comida; pasar tiempo con ellos haciendo lo que les gusta; utilizar su lenguaje del amor
   - Si estuvieran preocupados por sus hijos, busquen ayuda profesional y/o apoyo médico

Para cursos de cinco y diez semanas

Ejercicio

Escucha reflexiva

En pares, por favor realicen este ejercicio:

Uno de ustedes simule ser un adolescente con un tema sobre el cual dialogar. El otro será el padre o la madre. El "adolescente" debe decir al "padre"/a la "madre" algo sobre lo cual estuviere preocupado, *por ejemplo: frustrado por no integrar un equipo deportivo o una obra teatral en la escuela; luchando con la tarea escolar; preocupado por una amistad; ansioso acerca de lo que debería decir si le ofrecen drogas en una fiesta.*

El "padre" reflexiona sobre el asunto, particularmente acerca de los sentimientos que han sido expresados. El "adolescente" habla un poco más acerca de la situación y el "padre" sigue reflexionando. Luego de realizar la conversación durante un minuto o dos, intercambien los papeles.

Solo para cursos de cinco semanas

Diálogo en el grupo pequeño

1. ¿Cómo se sintió ser escuchado/a durante el ejercicio titulado "Escucha reflexiva"?

___

___

2. ¿Cuál de los puntos acerca de escuchar es el más importante/más difícil para usted?

___

___

3. ¿Cuándo ha tenido sus mejores conversaciones con sus hijos adolescentes/pre-adolescentes?

___

___

4. ¿Cuál de las cinco formas de expresar amor fue la más importante para usted cuando era un/a adolescente?

5. ¿Recuerda algún ejemplo en particular acerca de su/s padre/s mostrándole amor de ese modo? ¿Cómo lo hizo sentir?

6. ¿Cuál de las cinco expresiones de amor le resulta más difícil de mostrar a su/s adolescente/s?

Tarea – Complete los **Ejercicios 1 y 2** en las páginas 28 a 30

Solo para cursos de diez semanas

Diálogo en el grupo pequeño

1. ¿Cómo se sintió ser escuchado/a durante el ejercicio titulado "Escucha reflexiva"?

2. ¿Cuán fácil o difícil le resulta comunicarse actualmente con su/s adolescente/s / pre-adolescente/s?

Sigue a continuación

Diálogo en el grupo pequeño (continuación)

3. ¿Cuáles son los principales intereses sobre los cuales ellos disfrutan hablar?

____

____

4. ¿Cuál de los puntos acerca de escuchar es el más importante/más difícil para usted?

____

____

5. ¿Cuándo ha tenido sus mejores conversaciones con sus hijos adolescentes/pre-adolescentes?

____

____

Tarea – Complete el **Ejercicio 2** en las páginas 29 y 30

Tarea para el hogar

Ejercicio 1

Hablar palabras de afirmación

Escriba cinco cualidades positivas de cada uno de sus hijos

Nombre del hijo: ____________

1. ____________
2. ____________
3. ____________

Nombre del hijo: ____________

1. ____________
2. ____________
3. ____________

4. ______________________ 4. ______________________

5. ______________________ 5. ______________________

Nombre del hijo: ______________ Nombre del hijo: ______________

1. ______________________ 1. ______________________

2. ______________________ 2. ______________________

3. ______________________ 3. ______________________

4. ______________________ 4. ______________________

5. ______________________ 5. ______________________

Comparta con otra persona lo que acaba de escribir. Encuentre un buen momento para compartir estas cualidades con su/s adolescente/s / pre-adolescentes/s

Ejercicio 2

Planificar el tiempo personal

1. Escriba una lista con los intereses de su/s hijo/s:

Nombre del hijo: ______________ Nombre del hijo: ______________

1. ______________________ 1. ______________________

2. ______________________ 2. ______________________

3. ______________________ 3. ______________________

4. ______________________ 4. ______________________

5. ______________________ 5. ______________________

Sigue a continuación

Ejercicio 2 (continuación)

Nombre del hijo: ____________ Nombre del hijo: ____________

1. ____________ 1. ____________

2. ____________ 2. ____________

3. ____________ 3. ____________

4. ____________ 4. ____________

5. ____________ 5. ____________

2. ¿Qué podría hacer durante eltiempo personal con cada hijo para ayudarle a desarrollar su relación con él/ella? Luego escriba en qué momento usted podría realizar esta actividad con ellos.

Nombre del hijo: ____________ Nombre del hijo: ____________

Actividad ____________ Actividad ____________

Cuándo ____________ Cuándo ____________

Nombre del hijo: ____________ Nombre del hijo: ____________

Actividad ____________ Actividad ____________

Cuándo ____________ Cuándo ____________

Establecer límites

Notas

Repaso

Sesión 1: Tener presente el propósito

- Ayudar a nuestro/s adolescente/s a crecer hacia la madurez y la independencia
- Hacer de nuestro hogar un espacio de seguridad, de aprendizaje de valores para la vida, de diversión y de aprendizaje sobre cómo desarrollar relaciones
- Desarrollar una vida familiar saludable por medio de las comidas en familia, el tiempo familar (divertirse juntos) y las vacaciones familiares

Sesión 2: Satisfacer las necesidades de nuestros adolescentes

- La importancia de hacer que nuestros adolescentes se sientan amados y aceptados
- Cinco formas de mostrar amor. Mediante:
  - tiempo de calidad (personal)
  - palabras de afirmación
  - contacto físico afectuoso
  - regalos atentos
  - acciones amables
- Uno o más de estos "lenguajes del amor" serán de particular importancia para que cada adolescente se sienta amado y mantenga su "cisterna emocional" llena
- Adaptar nuestro estilo de comunicación con nuestros adolescentes
- La importancia de escuchar
- Escuchar conlleva:
  - estar disponibles
  - darle nuestra atención plena

– mostrar interés en su mundo
– prestar atención a los sentimientos
– no interrumpir
– reflexionar
– responder en forma adecuada

Para conversar:

- ¿Han tratado de usar durante la semana alguno de los cinco lenguajes del amor en una forma diferente? Si lo hicieron, ¿cuál fue el resultado?
- Alguno de los puntos acerca de escuchar, ¿ha efectuado alguna diferencia en su relación con su/s adolescente/s?

"Y ustedes, padres, no hagan enojar a sus hijos, sino críenlos según la disciplina e instrucción del Señor".

Efesios 6.4
La Biblia

Parte 1 Dejarlos ir gradualmente

Introducción

- Proponerse desarrollar la paternidad con autoridad en vez de ser autoritarios, indulgentes o negligentes
- Combinación de calidez y firmeza
- Establecer límites en el contexto del amor

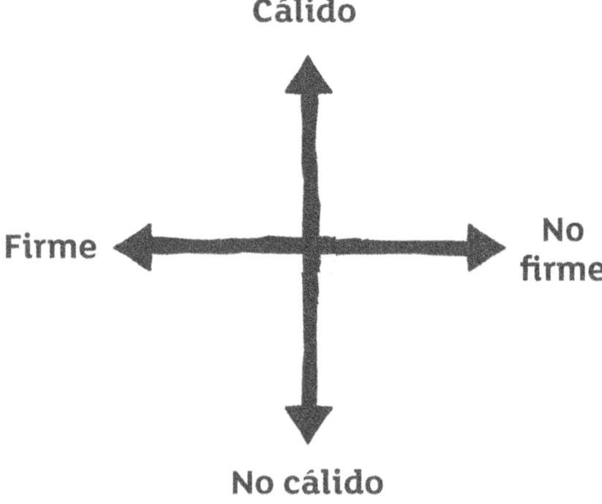

Fuente: Sue Palmer, *Toxic Childhood (en español, "Infancia tóxica")*

- No podemos controlar a nuestros adolescentes como cuando eran niños
- La cultura en la que están creciendo probablemente sea distinta a la cultura en donde nosotros hayamos crecido
- El cambio de actitudes que existe hoy en día hacia la autoridad
- Muchos padres están inseguros acerca de establecer límites o ejercer la autoridad
- Los límites siguen siendo importantes para los adolescentes:
  - por su seguridad y bienestar
  - por nuestra vida familiar
  - por su crecimiento hacia la madurez
  - los adolescentes quieren límites
- Es difícil establecer límites con los adolescentes
  - a menudo no hay una respuesta sencilla y correcta
  - debemos darles una creciente libertad
  - como padres cometeremos errores
  - podemos sentir fracaso, culpa y temor con facilidad
  - las dudas que enfrentan los padres son habituales pero, en lugar de verse a sí mismos como si estuvieran caminando por una cuerda de equilibrista, hay un amplio camino en el que cada uno puede desempeñar su rol con su propio estilo
  - cada adolescente es distinto; es mucho más difícil establecer límites con unos que con otros
  - Propóngase no ser ni demasiado estricto ni muy indulgente
  - La coherencia es la clave

Notas

Cómo establecer límites con hijos adolescentes

1. Recordar que estamos del mismo lado

- Ayudamos a nuestros adolescentes en su travesía hacia la madurez
- Ver su deseo de una creciente independencia como algo normal y saludable
- El traspaso del control debe ser gradual
- No hay un calendario fijo; los adolescentes maduran a distintas velocidades

Notas

2. **Moverse desde límites externos a límites internos**
    - Moverse del control parental hacia el autocontrol
    - No ser demasiado restrictivo; permitirles aprender de sus propios errores

3. **Confiar desarrolla la confianza**
    - Darles una creciente responsabilidad de modo que aprendan a ser personas responsables

4. **Conceda un creciente espacio**
    - Comience siendo estricto y luego incremente su libertad a medida que muestren responsabilidad

> "Esto... moverse desde las restricciones hacia el privilegio... no es fácil, porque hacer que los privilegios de su hijo dependan estrictamente de su capacidad de controlar su propio comportamiento demanda valentía y determinación. Asimismo, demanda fortaleza permanecer firmes contra la presión de las concesiones no ganadas, no solo por parte de su hijo adolescente, sino de los demás adolescentes, otros padres, e incluso la sociedad".
>
> **Dr. Ross Campbell,** ***How to Really Love Your Teenager (en español: "Cómo amar realmente a su adolescente")***

    - Dar demasiada libertad y tener que retroceder significa que nos estamos moviendo en el sentido incorrecto

5. **Permita que tomen sus propias decisiones**
    - Deje que tengan tanta práctica como fuere posible en relación a temas que no pondrán en peligro su futuro
    - Concédales la libertad de tomar decisiones en aspectos donde puedan expresar sus preferencias individuales, por ejemplo: elección de la ropa, la decoración de su cuarto, el peinado, cómo gastan el dinero (el que ganan ellos o el que usted les dé para sus gastos)

Para cursos de cinco y diez semanas

Ejercicio

Ejercicio de la autoridad

1. ¿Alguno de los siguientes motivos ocasiona que usted se muestre renuente a establecer límites con su/s adolescente/s??
   - Sentir temor de la reacción de sus hijos ☐
   - Tener miedo de que su hijo no lo aprecie ☐
   - Sentirse "fuera de onda" con su mundo ☐
   - Reaccionar en contra de su propia crianza demasiado estricta ☐
   - Pensar que no logrará ninguna diferencia ☐
   - Creer que los adolescentes necesitan libertad plena ☐
   - Sus propias circunstancias ☐

   Otras razones

   ____

   ____

2. ¿Alguna de las siguientes razones hace que uste se muestre renuente a dar a su/s adolescentes una creciente libertad?
   - Querer estar en control de sus vidas ☐
   - Tener miedo de que comentan errores ☐
   - Intentar controlar con quiénes pasan el tiempo ☐
   - No gustarle las preferencias individuales de ellos ☐
   - Temer lo que otros adultos pudieran llegar a pensar ☐
   - Querer saber lo que están haciendo, en todo momento ☐
   - Pensar que nunca serán lo suficientemente responsables ☐

   Otras razones

   ____

Converse con una o dos personas del grupo acerca de lo que acaba de responder

Solo para cursos de diez semanas

Diálogo en el grupo pequeño

1. ¿Qué es lo más difícil para usted al establecer límites para su/s adolescente/s?

2. ¿Habrá áreas en las que usted les esté dando demasiada libertad?

3. ¿Habrá áreas en las que usted esté siendo demasiado restrictivo/a?

4. ¿Qué le ha servido de ayuda en este proceso de dejarlos ir gradualmente?

5. ¿Qué decisiones les está permitiendo tomar por sí mismos?

Tarea – Complete el **Ejercicio 1** en las páginas 41 y 42

Parte 2 Fomentar la responsabilidad

Cómo ayudar a sus adolescentes a moverse hacia la independencia

- Tener en claro nuestras expectativas
- Darles una responsabilidad creciente, por ejemplo: levantarse por la mañana; prepararse para la escuela; llevar los libros o el equipamiento deportivo que necesiten
- Permitir que asuman las consecuencias de sus propios errores
- Moverse gradualmente de ser "controladores" a ser "consultores"

"Los padres hacemos frente a dos opciones. Podemos seguir utilizando los mismos patrones que empleábamos cuando eran niños (y frustrarnos muchísimo) o darnos cuenta de que nuestros métodos deben cambiar a medida que nuestros hijos se desarrollan... Tan duro como es, nuestro rol debe moverse de controladores a consultores. ¿Qué hacen los consultores? Realizan preguntas, ofrecen opiniones, comparten experiencias, presentan opciones y pronostican resultados. En última instancia, sin embargo, dan un paso al costado y permiten que el cliente tome sus propias decisiones. Los consultores comprenden lo que pueden y lo que no pueden hacer por su cliente, y como resultado el cliente hace suyo tanto el proceso como el resultado".

Daniel Hahn en Tim Smith, *Almost Cool*
(en español: "Casi genial")

1. No regañe

- Regañar causa que los adolescentes se "desconecten" y "apaguen"
- A veces produce que hagan lo contrario de lo que estemos diciendo

2. Haga el menor número posible de reglas

- Diga que "no" a las cosas que realmente importen y "sí" a todo lo demás
- Decida qué cosas no serán negociables
  - resista dejarse llevar por lo que los demás pudieran pensar

Notas

Notas

- Cuando fuere posible, acuerde reglas con otros padres y presenten un frente unido

3. **Asegúrese de poder explicar los límites**
   - Los adolescentes necesitan una explicación para cada límite

> "Lo que ocasiona que los adolescentes se rebelen no es la imposición de la autoridad sino el uso arbitrario del poder, con poca explicación de las reglas y ningún involucramiento en la toma de decisiones".
>
> **Laurence Steinberg en Gary Chapman,** ***The Five Love Languages of Teenagers (en español, "Los cinco lenguajes del amor de los jóvenes")***

4. **Prepárese para negociar**
   - Converse acerca de los límites con su/s adolescente/s
   - Dispóngase a escuchar y valorar su opinión
   - Prepárese para cambiar de opinión y hacer concesiones
   - Sea firme con los límites importantes

5. **Elabore consecuencias adecuadas**
   - Imponer una consecuencia cuando se quebrante una regla o se haya abusado de la confianza
   - Realizar la sanción sin ser demasiado indulgentes ni severos
   - Tomar tiempo para considerar qué les ayudará a aprender asumir la responsabilidad
   - A veces, experimentar la consecuencia natural de su conducta será más efectivo para que aprendan la lección. No los "salve" ni los "libre" siempre de las consecuencias de sus actos
   - En ocasiones, saber de nuestra decepción será suficiente para que cambien su conducta

Conclusión

- El concepto de la alarma del reloj
- Tener el propósito en mente

Solo para cursos de cinco semanas

Diálogo en el grupo pequeño

1. ¿De qué manera ha contribuido para que su/s adolescente/s crezcan en cuanto a independencia? ¿Qué responsabilidad les ha hecho asumir?

____

____

2. ¿Puede señalar un límite que haya negociado con su/s adolescente/s? ¿Cuál fue el resultado?

____

____

3. ¿Ha tenido que ser más estricto/a en un asunto determinado? ¿Cuál fue el resultado?

____

____

4. ¿Qué consecuencias por la mala conducta ha comprobado que son eficaces?

____

____

5. ¿Les ha dado la oportunidad de enfrentar desafíos/perseguir intereses/explorar/ salir en busca de nuevas aventuras? Si la respuesta fuere afirmativa, ¿qué beneficios ha visto en ellos con respecto a crecer en responsabilidad?

____

____

Tarea – Complete los **Ejercicios 1 y 2** en las páginas 41 a 43

Solo para cursos de diez semanas

Diálogo en el grupo pequeño

1. ¿De qué manera ha contribuido para que su/s adolescente/s crezcan en cuanto a independencia? ¿Qué responsabilidad les ha hecho asumir?

2. ¿Puede señalar un límite que haya negociado con su/s adolescente/s? ¿Cuál fue el resultado?

3. ¿Ha tenido que ser más estricto/a en un asunto determinado? ¿Cuál fue el resultado?

4. ¿Qué consecuencias por la mala conducta ha comprobado que son eficaces?

5. ¿Les ha dado la oportunidad de enfrentar desafíos/perseguir intereses/explorar/salir en busca de nuevas aventuras? Si la respuesta fuere afirmativa, ¿qué beneficios ha visto en ellos con respecto a crecer en responsabilidad?

Tarea – Complete el **Ejercicio 2** en las páginas 42 y 43

Tarea para el hogar

Ejercicio 1

Reconocer las cuestiones importantes

Realice el siguiente ejercicio para verificar si está invirtiendo su mayor energía en la mayoría de los temas importantes.

En la **Columna I,** coloque 1, 2 o 3 para cada frase de acuerdo a la importancia comparativa que tuviere para usted. *(1 = temas más importantes; 2 = menos importantes; 3 = los menos importantes)*

En la **Columna II,** coloque 1, 2 o 3 para cada frase de acuerdo a cuánto tiempo y energía emocional usted invierte en ese aspecto de la conducta de su hijo adolescente. *(1 = más tiempo y energía; 2 = menos tiempo y energía; 3 = el menor tiempo y la menor energía)*

Los números para cada frase en ambas columnas, ¿son iguales unos a otros? Si así no fuere, pregúntese acerca de cuáles temas son los más importantes para usted al establecer límites con su/s adolescente/s. ¡Sea sincero/a!

	I **Importancia del asunto**	**II** **Cantidad de tiempo y energía como padre**
1. La capacidad del adolescente de ejercer autocontrol		
2. Una habitación ordenada		
3. Altas calificaciones en todos los exámenes		
4. La cuenta del teléfono celular		
5. Ser cortés y considerado para con los demás		
6. Estar bien vestido (según los estándares que usted tenga)		
7. Tener amigos con valores positivos		
8. Ser responsable con el alcohol y las drogas		
9. Estar en el equipo más importante/participar en el concierto de la escuela		
10. Perforar cualquier/cada parte de su cuerpo *(con aros, piercing, etc.)*		
11. Mostrar lealtad a sus amistades		
12. Ingresar a la escuela/colegio/universidad que ellos escojan		
13. Comportarse en forma responsable con el sexo opuesto		

Sigue a continuación

Ejercicio 1 (continuación)

14. Mostrar generosidad hacia sus hermanos y amigos	I **Importancia del asunto**	II **Cantidad de tiempo y energía como padre**
15. Tatuarse		
16. Siempre realizar su tarea a tiempo		
17. Honestidad y sinceridad		
18. Tener el corte de pelo que a usted le guste		
19. Crecer en su relación con Dios		
20. Contribuir con el desarrollo armónico del hogar		

Ejercicio 2

Negociación de límites

Escriba los cinco límites "no negociables", *por ejemplo: sus reglas acerca de las drogas; honestidad; tareas para el hogar; conducta sexual.*

1. ______________________________

2. ______________________________

3. ______________________________

4. ______________________________

5. ______________________________

Ejercicio 2 (continuación)

Escriba los cinco límites "negociables", *por ejemplo: horario para dormir; fiestas; tiempo en las redes sociales; TV.*

1. ______________________________

2. ______________________________

3. ______________________________

4. ______________________________

5. ______________________________

Converse acerca de estas listas con su/s adolescente/s / pre-adolescente/s. Explíqueles por qué cada límite es "no negociable" o "negociable", y escuche con atención sus opiniones al respecto.

Negocie un acuerdo sobre alguno de los límites "negociables", incluyendo la consecuencia que acarreará el fallar cumplir dicho acuerdo. Prepárese para realizar concesiones.

4

Desarrollar la salud emocional

Repaso

Sesión 1: Tener presente el propósito

- Ayudar a nuestro/s adolescente/s a crecer hacia la madurez y la independencia
- Hacer de nuestro hogar un espacio de seguridad, de aprendizaje de valores para la vida, de diversión y de aprendizaje sobre cómo desarrollar relaciones
- Desarrollar una vida familiar saludable por medio de las comidas en familia, el tiempo familar (divertirse juntos) y las vacaciones familiares

Sesión 2: Satisfacer las necesidades de nuestros adolescentes

- Mostrar amor a nuestro/s adolescente/s mediante tiempo personal, palabras de afirmación, contacto físico afectuoso, regalos atentos y acciones amables
- Preguntarnos cuál de estos "lenguajes del amor" hace que cada adolescente se sienta amado y mantenga su "cisterna emocional" llena
- Recordar la importancia de escuchar

Sesión 3: Establecer límites

- Recordar que estamos del mismo lado
- Dejarlos ir gradualmente
- Darles una creciente independencia
- A medida que maduran, movernos de ser controladores a consultores
- No regañar
- Hacer el menor número posible de reglas

Notas

- Estar dispuestos a negociar
- Ser firmes con los límites importantes
- Elaborar sanciones eficaces si se quiebra la confianza o se cruza un límite

Para conversar:

- ¿Qué límites han debido implementar esta semana?
- ¿Cuáles fueron los resultados?

Parte 1 Manejar la ira (nuestra y de los hijos)

Introducción

- Los años de la adolescencia suelen ser un tiempo emocionalmente tormentoso
- Los padres deben aprender a manejar sus propias emociones
- Debemos ayudar a que nuestros adolescentes manejen su propia ira, incluyendo:
  - aprender a controlar el enojo
  - saber cómo resolver los conflictos
  - tratar con el estrés y las tensiones
- La importancia de "leer" el temperamento de cada adolescente

Comprender la ira

- La ira y el enojo no son malos en sí mismos
- Nuestra reacción natural de enfadarnos
- La ira puede expresarse mediante las palabras y/o la conducta
- Todos necesitamos aprender a controlar y manejar nuestra ira en forma constructiva
- A los hijos, por lo general, les insume 18 años aprender a expresar su ira en forma madura

Notas

- Reacciones inadecuadas frente a la ira:
  - la ira descontrolada es destructiva (conducta tipo "rinoceronte")
  - la ira no expresada/suprimida es dañina (conducta tipo "erizo")

Conducta tipo "rinoceronte"	Conducta tipo "erizo"
Ser agresivos	Esconder el enojo
Gritar y chillar	Intentar ignorar nuestros sentimientos
Decir cosas que luego lamentaremos	Ser sarcásticos
Perder el control	Escondernos detrás de una pared impenetrable
Atacar y acusar	Ser fríos y cínicos
Culpar a todos los demás	Sentirnos nerviosos o temerosos
Ser explosivos o irritables	Querer correr y escondernos
Ser controladores y mandones	Volvernos deprimidos

"No dejen que el sol se ponga estando aún enojados".

Efesios 4.26
La Biblia

- Ira desplazada: expresar nuestra ira hacia otra persona, a veces años más tarde
- La ira debe ser tratada desde su misma fuente
- La importancia de escoger perdonar a quienes nos hayan herido, sea que lo hubieren hecho recientemetne o hace mucho
- La ira tiene un propósito dado por Dios, pero solo por un tiempo breve

Manejo eficaz de nuestra propia ira

1. No sobreactúe

- Reconozca qué ocasiona su sobreactuación
- HALT - pregúntese: ¿Estoy hambriento/a, ansioso/a, solitario/a o cansado/a?
- Encuentre formas de ayudarse a presionar el "botón de pausa"

2. No sea hiriente

- No rotule a sus adolescentes
- Rotule como incorrectas sus acciones/ conductas en lugar de atacar su personalidad
- Deles la oportunidad y la convicción de que pueden cambiar

3. No se aísle

- No evite cada desacuerdo
- No se convierta en alguien pasivo ni "se desconecte" cuando haya conflicto o un asunto que deba ser tratado
- Confronte a los demás cuando fuere necesario, y exprese sus sentimientos

Ayudar a sus adolescentes a utilizar su ira en forma productiva

- Propóngase no alentar la agresión (conducta tipo "rinoceronte") ni la represión (conducta tipo "erizo"), sino fomente que se exprese la causa de su ira
- No espere mucho... ¡demasiado pronto! Aprender a expresar la ira en forma adecuada es un proceso lento de aprendizaje
- Resista la tentación de disminuirlos cuando expresen su ira en forma inmadura
- No intente responder al enojo con más enojo
- Los adolescentes a menudo expresan su ira mediante una conducta irritante (una conducta de "agresión pasiva")
- Permita que verbalicen su ira
- Ayúdelos en este proceso de aprender a expresar su enojo de forma controlada
- Haga de su hogar un sitio seguro en donde poder expresar los sentimientos negativos, incluyendo el dolor y la frustración
- Encuentre oportunidades para dialogar con ellos acerca de expresiones de ira adecuadas e inadecuadas

Notas

Para cursos de cinco y diez semanas

Ejercicio

Expresiones de ira

Observe la tabla de la conducta tipo "rinoceronte" y tipo "erizo".
Indentifique en qué lugar de la línea entre rinoceronte y erizo se ubican usted y su/s hijo/s adolescente/s cuando están enojados. Luego converse con una o dos personas del grupo acerca de lo que acaba de responder.

conducta rinoceronte ⟷ **conducta erizo**

Describa la conducta típica para cada miembro de la familia cuando se enojan.

Nombre	Conducta
__________	____________________
__________	____________________
__________	____________________
__________	____________________

Solo para cursos de diez semanas

Diálogo en el grupo pequeño

1. ¿Usted tiende a comportarse más como el rinoceronte o como el erizo?

____

____

2. ¿Qué le ayuda a expresar su ira de una forma más constructiva?

____

____

3. ¿Sus adolescentes se comportan más como rinocerontes o como erizos?

____

____

4. ¿Cómo podría ayudar a su/s hijo/s adolescente/s a dialogar sobre el asunto en cuestión cuando estuvieren enojados en lugar de utilizar una conducta "pasiva agresiva"?

____

____

5. ¿Cómo logramos que nuestro hogar sea un espacio seguro para expresar las emociones negativas?

____

____

Tarea – Complete el **Ejercicio 1** en las páginas 55 y 56

Parte 2 Resolución de conflictos y manejo del estrés

Resolución de conflictos

- Conflictos potenciales en relación a los límites
  - los adolescentes quieren explorar, los padres proteger
  - ellos quieren estar con sus amigos, nosotros poder guiarlos
  - ellos suelen estar cansados, nosotros preocupados
- Necesitan ver que nosotros resolvemos los conflictos en forma eficaz

Notas

Seis principios para resolver conflictos

1. **Identificar el asunto**
    - Identificar la causa principal del conflicto entre ustedes
    - Intentar descubrir qué ocurre en la vida de ellos
    - Es fácil molestarse por su inmadurez emocional en lugar de hacer frente al asunto subyacente

2. **Hallar el mejor momento y lugar**
    - Cuándo y dónde se encuentran usted y su adolescente
    - Procurar tener una conversación en lugar de una competencia de gritos
    - Disponga un tiempo sin interrupciones
    - Considere establecer una cita
    - Pídale a su hijo adolescente que le conceda ese tiempo
    - Puede ser de ayuda salir a comer o dar un paseo

3. **Dialogar en vez de atacar**
    - Es fácil apresurarse en sacar conclusiones
    - Planifique con cuidado lo que desee decir
    - Apéguese al asunto en cuestión
    - Utilice declaraciones personales ("yo") para expresar sus sentimientos, *por ejemplo: "Yo siento preocupación cuando..." o "Me resulta frustrante cuando..."*
    - Escuche los puntos de vista de su adolescente
    - Reflexione acerca de lo que hayan dicho (ver la Sesión 2, página 26)
    - Tomen turnos para hablar

4. **Pedir disculpas, si sabemos que estamos equivocados**
    - Es importante servir como modelos de pedir disculpas por nuestros errores y perdonar a nuestros adolescentes por los suyos

5. **Conversar acerca de soluciones posibles**
    - Eviten quedar atascados

- Involucrarlos en una conversación es mucho más productivo que regañarlos
- Realicen un "torbellino de ideas" acerca de las posibles soluciones para el asunto que esté ocasionando el conflicto
- Hallen una solución en la que usted y su hijo estén de acuerdo
- Recuérdeles acerca del entendimiento mutuo establecido cuando fuere necesario hacerlo

6. **Permanecer con la mente abierta**

- Permanezca firme en los aspectos que no sean negociables
- Esté preparado para hacer concesiones en otros temas
- El proceso de conversar acerca de los problemas con nuestros adolescentes y buscar soluciones puede acercarnos más a ellos

Manejo del estrés

Manejo de nuestro propio estrés

- Pensar que tenemos que ser los "padres perfectos" genera ansiedad y puede ser abrumador
- Propóngase ser un/a "padre/madre lo suficientemente bueno/a"
- Busque ayuda profesional si fuere necesario

Cómo ayudar a sus adolescentes a manejar su propio estrés

- Es inevitable tener algún grado de estrés
- No sentir respaldo ni apoyo puede llevar a los adolescentes hacia un estrés no saludable

1. **Ayudarles a aprender un balance de éxito y fracaso**

- Permita que sepan que los errores y los fracasos son parte de la vida. Podemos aprender, crecer y recuperarnos
- No ponga expectativas irreales sobre ellos
- Proporcione gran cantidad de aliento
- Exprese elogios por el esfuerzo, no solo por los resultados
- Dígales a menudo que los ama por quiénes son, no por lo que puedan lograr

Notas

Notas

2. **Evite comparar a un adolescente con sus hermanos o pares**
    - Si fueren notoriamente menos capacitados o no tuvieren muchos talentos, encuentre otras características por las cuales elogiarlos
    - Anímelos a ser ellos mismos
    - Apóyelos en la búsqueda de sus propios intereses y actividades que los apasionen

3. **Crear suficiente espacio para relajarse y descansar**
    - Si fuere necesario, reduzca las actividades extra-curriculares
    - Hagan cosas solamente por diversión
    - Cuando fuere posible, utilicen el tiempo de comida, los fines de semana y las vacaciones para relajarse
    - Permita que, como padre, lo vean descansar y relajarse

4. **Hablar con ellos acerca de sus preocupaciones**
    - Generar oportunidades para hablar
    - A algunos adolescentes les insume más tiempo dar a conocer sus preocupaciones
    - Permita que verbalicen sus sentimientos negativos: ira, ansiedad, temor, inseguridad, un sentido de fracaso, etc.

Ver la sección 4 de *"El libro para padres de familia"* para obtener más ayuda sobre el manejo de la ira y del estrés

Solo para cursos de cinco semanas

Diálogo en el grupo pequeño

1. ¿Usted tiende a comportarse más como el rinoceronte o como el erizo? ¿Qué le ayuda a expresar su ira de una forma más constructiva?

2. ¿Sus adolescentes se comportan más como rinocerontes o como erizos? ¿Cómo podría ayudar a su/s hijo/s adolescente/s a dialogar sobre el asunto en cuestión cuando estuvieren enojados en lugar de utilizar una conducta "pasiva agresiva"?

3. ¿Cuál de los "Seis principios para resolver conflictos" (ver páginas 50 y 51) le parece más relevante para su situación?

4. ¿Recuerda alguna solución exitosa que usted y su/s adolescente/s hayan encontrado para una cuestión que causara conflicto en el pasado?

5. ¿Cuán fácil resulta expresar los sentimientos negativos en su hogar? ¿Qué elemento contribuye a que sus adolescentes expresen sus preocupaciones, temores y ansiedades?

Tarea – Complete los **Ejercicios 1 a 3** en las páginas 55 a 59

Solo para cursos de diez semanas

Diálogo en el grupo pequeño

1. ¿Cuál de los "Seis principios para resolver conflictos" (ver páginas 50 y 51) le parece más relevante para su situación?

___

___

2. ¿Cuál es el mejor momento y lugar para que usted y su/s adolescente/s dialoguen sobre un asunto que esté ocasionando conflicto?

___

___

3. ¿Recuerda alguna solución exitosa que usted y su/s adolescente/s hayan encontrado para una cuestión que causara conflicto en el pasado?

___

___

4. ¿Cuán fácil resulta expresar los sentimientos negativos en su hogar? ¿Qué elemento contribuye a que sus adolescentes expresen sus preocupaciones, temores y ansiedades?

___

___

5. Si uno de los miembros de su familia llegara a fallar o fracasar, ¿podría expresarlo con seguridad en el ámbito de su hogar, sin temor a ser juzgado?

___

___

Tarea – Complete los **Ejercicios 2 y 3** en las páginas 57 a 59

Tarea para el hogar 

Ejercicio 1

Expresión eficaz de la ira

Señale en qué aspectos quisiera cambiar en cuanto a sus reacciones naturales y de qué forma podría hacerlo.

Reacciones poco útiles ☑ las que sean aplicables a usted	**Cambios a implementar** ☑ los cambios que le gustaría efectuar
☐ Sobreactuar	☐ Presionar el "botón de pausa", *por ejemplo: salir de la habitación o contar hasta diez*
☐ Saltar directo a las conclusiones	☐ Escuchar todo lo ocurrido antes de responder
☐ Gritarle a su hijo adolescente	☐ Cambiar el tono de voz
☐ Regañar a su adolescente	☐ Pedirle a nuestro hijo adolescente que se haga un tiempo para sentarse y dialogar acerca de una situación que esté causando conflicto
☐ Mantener la paz a cualquier costo	☐ Negociar los límites importantes
☐ Menoscabar a nuestro hijo adolescente	☐ Utilizar la escucha reflexiva para comprender los pensamientos y sentimientos negativos de nuestro hijo
☐ Fallar al imponer una consecuencia cuando se haya cruzado un límite	☐ Tener la valentía de enfrentar la ira de nuestro hijo e imponer un límite
☐ Volverse fríos y cínicos	☐ Escuchar las opiniones de nuestro adolescente ☐ Utilizar declaraciones personales ("yo") para expresar nuestros sentimientos, *por ejemplo: "Yo me siento preocupado cuando..." o "Me resulta frustrante que..."*
☐ Dejarle las situaciones difíciles al otro padre	☐ Trabajar juntos en relación a los límites y las consecuencias
☐ Retirarse emocionalmente	☐ Delinear e involucrarnos con los pensamientos y sentimientos de nuestro hijo ☐ Realizar preguntas abiertas, *por ejemplo: preguntas que requieran más que un "sí" o un "no" como respuesta*

Sigue a continuación

Ejercicio 1 (continuación)

Reacciones poco útiles	Cambios a implementar
✔ las que sean aplicables a usted	✔ los cambios que le gustaría efectuar
☐ No dejar que se expresen los sentimientos fuertes	☐ Fomentar la expresión adecuada de los sentimientos negativos, *por ejemplo: heridas, dolor, decepción, ira, vergüenza*
☐ Ser críticos hacia nuestros adolescentes	☐ Dar un aliento cotidiano a nuestros hijos
☐ Evitar estar juntos	☐ Pasar tiempo con nuestros adolescentes

Identifique un cambio que haya realizado:

____

De la lista anterior, escoja tres cambios que haya seleccionado y decida cuándo podría comenzar a implementarlos.

Cambio **Comienzo**

1. ______________________________ ______________

2. ______________________________ ______________

3. ______________________________ ______________

Ejercicio 2

Puesta en práctica de los seis pasos

Utilice las preguntas que figuran abajo para ayudarle a pensar acerca de cómo resolver los conflictos con su/s adolescentes.

1. Identificar el/los asunto/s.

Señale los principales asuntos (si hubiere) que actualmente estén causando conflicto.

• ______________________________

• ______________________________

• ______________________________

2. Hallar el mejor momento y lugar.

¿Cuál podría ser un buen momento y lugar para dialogar acerca de uno de estos asuntos?

Momento: ______________________________

Lugar: ______________________________

3. Dialogar en vez de atacar.

¿Qué le seviría de ayuda para dialogar sobre el asunto en forma calmada? *(por ejemplo, turnarse para hablar)*

____

4. Pedir disculpas, si sabemos que estamos equivocados.

¿Habrá algo por lo que usted debería disculparse?

____

Sigue a continuación

5. Conversar acerca de soluciones posibles.

¿A qué soluciones posibles ha logrado arribar luego del diálogo mantenido con sus adolescentes en relación a uno de los asuntos señalados anteriormente?

- ____________________
- ____________________
- ____________________

Pónganse de acuerdo en una solución y vea cómo resulta. Acuerden rever la solución en unos pocos días/unas pocas semanas.

6. Permanecer con la mente abierta.

¿En qué aspectos ha debido mantenerse firme acerca del asunto tratado?

____

¿En qué áreas ha hecho concesiones, a la luz de la conversación mantenida con sus hijos?

____

Ejercicio 3

Manejar el estrés de sus adolescentes

1. ¿Qué provoca mayor ansiedad en sus hijos?

____

¿Cómo podría ayudarlos?

____

2. ¿A dónde acudirían su/s adolescente/s si estuvieran ansiosos por algo?

____

¿Por qué acudirían allí?

____

3. ¿Habrá algunas actividades que su/s adolescente/s podrían abandonar para deshacerse de presiones inútiles?

____

____

5

Ayudar a tomar buenas decisiones

Repaso

Sesión 1: Tener presente el propósito

- Ayudar a nuestro/s adolescente/s a crecer hacia la madurez y la independencia
- Hacer de nuestro hogar un espacio de seguridad, de aprendizaje de valores para la vida, de diversión y de aprendizaje sobre cómo desarrollar relaciones
- Desarrollar una vida familiar saludable por medio de las comidas en familia, el tiempo familar (divertirse juntos) y las vacaciones familiares

Sesión 2: Satisfacer las necesidades de nuestros adolescentes

- Mostrar amor a nuestro/s adolescente/s mediante tiempo personal, palabras de afirmación, contacto físico afectuoso, regalos atentos y acciones amables
- Preguntarnos cuál de estos "lenguajes del amor" hace que cada adolescente se sienta amado y mantenga su "cisterna emocional" llena
- Recordar la importancia de escuchar

Sesión 3: Establecer límites

- Dejarlos ir gradualmente
- Movernos de ser controladores a consultores
- Hacer el menor número posible de reglas
- Ser firmes con los límites importantes y estar dispuestos a negociar los demás

Sesión 4: Desarrollar la salud emocional

- Fomentar una expresión saludable del enojo en lugar de recurrir a la agresión (como el rinoceronte) o la represión (como el erizo)
- Permitir que nuestro/s adolescente/s verbalicen sus emociones negativas
- Dar un modelo de resolución de conflictos mediante el diálogo acerca del problema y la búsqueda de soluciones
- Ayudar a que nuestro/s adolescente/s aprendan a manejar el estrés

Parte 1 Dar una perspectiva más amplia

Introducción

- Nuestra tarea es ayudar a equipar a nuestros adolescentes para los grandes temas que enfrentarán en la vida
- Debemos hablar con ellos acerca de las drogas, el alcohol, el sexo, el uso de la Internet, etc. No debemos permitir que nuestros miedos nos impidan tratar dichas realidades
- Podemos ejercer una gran diferencia en ellos, pero en última instancia no podemos controlar sus decisiones
- Las presiones sobre los adolescentes:
  - presión de los pares
  - deseo de ser aceptados
  - sentimientos de inseguridad
  - relativismo: "si se siente bien, entonces hazlo"
  - una cultura altamente sexualizada
  - hoy en día los adolescentes están más conscientes de su imagen
  - fácil acceso a las drogas, el acohol y la pornografía
- Es crucial desarrollar su autoestima

Transmitir información y valores

- Podemos dar a nuestros adolescentes una perspectiva mayor de lo que resultará mejor para ellos y su futuro
- Ayudarlos a tomar decisiones a conciencia, bien informados al respecto

Notas

- Capacitarlos para que construyan un marco moral dentro del cual vivir
- Somos la influencia principal en las decisiones de nuestros adolescentes. Tal vez debamos informarnos antes de hablar con ellos sobre diversas temáticas

1. **Drogas**
   - Conocer cuáles son los efectos de las drogas (como la cocaína, la marihuana, el éxtasis) en la salud (física y mental) y en la motivación
   - No dar demasiado dinero a los adolescentes
   - Permitir que los adolescentes hablen en forma general acerca de las drogas. Un enfoque indirecto será más útil que una acusación directa para ayudarlos a ser honestos y abrirse ante nosotros

2. **Alcohol**
   - Debemos reconocer los valores que estamos modelando a través de nuestra conducta
   - Conozca los números de unidades de alcohol que se consideran seguros para la salud de hombres y mujeres adultos, de modo que pueda tener información durante una conversación al respecto
   - Conozca la ley y las limitaciones legales de edad para consumir y comprar alcohol
   - Tenga una "lista de verificación para fiestas" a fin de hablar con sus adolescentes en base a ella (ver la lista de verificación en *"El libro para padres de familia"*, capítulo 12)

3. **Sexo**
   - Dar a los adolescentes el permiso y la confianza para decir "no"
   - Mejor hablar poco y con frecuencia que tener una sola "gran" conversación
   - Buscar oportunidades para hablar acerca del contexto apropiado para el sexo, por ejemplo: al dialogar sobre programas de TV, filmes, artículos en revistas para adolescentes, reportes de periódicos, etc.
   - Debemos definir nuestros propios puntos de vista acerca de la pornografía, el aborto, el sexo antes

del matrimonio, etc., de modo que podamos hablar con nuestros hijos adolescentes acerca de nuestras expectativas

- Hablar con ellos acerca de los efectos a largo plazo que provocan las ETS (enfermedades de transmisión sexual)
- Buscar darles una visión seria, superior acerca del sexo

4. Internet
   - Comunicación en línea: hablar acerca de las oportunidades y los peligros
   - Ayudarles a tener cuidado con lo que publiquen en línea. Explicarles que todo lo que se sube a la Internet, permanecerá allí y potencialmente podría ser visto por cualquiera
   - Limite la cantidad de tiempo que pasen en línea y/o realizando juegos electrónicos, de modo que sean capaces de continuar desarrollando sus habilidades sociales
   - Instale filtros actualizados para ayudar a proteger a los adolescentes de contenido virtual inapropiado
   - Los mejores filtros, sin embargo, son los cerebros de nuestros hijos adolescentes si logramos transmitir la información y los valores que necesitan a fin de tomar buenas decisiones

Notas

Reglas SMART para tener una navegación segura en la Internet
(para dialogar con su hijo adolescente)

S SEGURO: conservar la seguridad al tener cuidado de no proporcionar información personal en las redes sociales o al publicar información en línea

M MENCIONAR: hablar con tu padre, tutor o una persona adulta confiable si alguien o algo te hiciere sentir incómodo/a o preocupado/a

A ACEPTAR: aceptar mensajes por correo electrónico o invitaciones a abrir archivos que provengan de personas que uno no conoce podría ser peligroso; podrían contener virus o mensajes sucios

R REVISAR: saber que cualquiera puede subir cualquier cosa a la red. Recordar que la gente puede mentir y no ser quien dice que es en los sitios de chat (conversación) en línea

T TRATAR: conocer a alguien con quien solo hayas estado en contacto por la Internet podría ser peligroso. Solo hazlo si tus padres o tutores te dan permiso y, aun así, solo cuando ellos estén presentes

Para cursos de cinco y diez semanas

Ejercicio

Valores de largo plazo

1. ¿Cuáles son las perspectivas y los valores a largo plazo que usted desearía que sus adolescentes adquirieran en relación a los siguientes temas?

- drogas
- alcohol
- sexo
- Internet

2. ¿Qué información necesita transmitir para dar esta perspectiva más amplia?

- drogas
- alcohol
- sexo
- Internet

Converse con una o dos personas del grupo acerca de lo que acaba de responder

Solo para cursos de diez semanas

Diálogo en el grupo pequeño

1. ¿Bajo qué presiones están nuestros adolescentes a la luz de la cultura actual en relación a las drogas, el acohol, el sexo y la Internet?

2. ¿Cómo podemos ayudar a que nuestros adolescentes construyan un marco moral dentro del cual vivir?

3. ¿Qué información, valores y perspectiva más amplia ha intentado transmitir en relación a los siguientes temas?

- drogas
- alcohol
- sexo
- Internet

4. ¿Qué límites ha implementado para ayudar a que sus adolescentes aprendan a tomar buenas decisiones?

Tarea – Complete el **Ejercicio 1** en las páginas 70 a 73

Notas

Parte 2 Equipar a nuestros hijos

Cómo ayudarles a tomar buenas decisiones

1. Estar disponibles para hablar con ellos
    - Buscar los momentos en los que estén más dispuestos a dialogar sobre las alternativas que estuvieren enfrentando

2. Ensayar posibles escenarios
    - Proporcionarles el fundamento de palabras o las líneas de acción de modo que sepan cómo actuar en caso de sentirse bajo presión
    - Realice un juego de roles ("role play") para ayudarlos a imaginarse las consecuencias de sus decisiones

3. Darles explicaciones claras
    - Hable acerca de situaciones peligrosas, *por ejemplo: explicar los riesgos que conlleva ir en un vehículo cuyo conductor haya estado bebiendo alcohol*
    - Explicarles por qué su comportamiento podría hacerlos vulnerables a sufrir daños, *por ejemplo: ayudarlos a pensar cuidadosamente acerca de la ropa que vistan*

4. Pedirles que se mantengan en contacto
    - Pedirles que notifiquen en dónde se encuentran y si sus planes han cambiado

5. Animarlos a un estilo de vida activo
    - Ayudarles a canalizar su energía en forma constructiva
    - Animarlos en sus dones e intereses

6. Encontrar buenos modelos a seguir
    - "La crianza y la formación de un hijo involucra a toda una aldea" (proverbio africano)
    - Reduce la presión que tenemos como padres

- Nutre las relaciones dentro de la familia extendida
- Un buen grupo juvenil que promueva valores positivos y proporcione amistades entre su grupo de pares podría ser muy valioso
- Intente encontrar buenos modelos de personas cuya edad oscile los veinte años e involúcrelos en su vida familiar

7. Generar tradiciones saludables

- Las tradiciones y los rituales ayudan a que los hijos se identifiquen con su familia, además de darles un sentido de pertenencia
- Las tradiciones familiares ayudan a crear fuertes lazos familiares
- Hacen que la vida familiar sea más divertida
- Son importantes para transmitir valores

8. Orar por ellos en forma habitual

- Por la protección de Dios
- Por su consciencia
- Por su personalidad
- Orar nos permite llevar nuestros anhelos y temores ante Dios

Conclusión

- Cada parte de este curso contribuye a ayudar a que nuestros hijos adolescentes tomen buenas decisiones
- Sean cuales fueren los retos y desafíos, recuerde elogiar los rasgos positivos del carácter de sus adolescentes
- Nunca se rinda en relación a sus hijos adolescentes. Sin importar qué, ámelos de manera incondicional

Notas

"El amor jamás se extingue"

1 Corintios 13.8
La Biblia

Solo para cursos de cinco semanas

Diálogo en el grupo pequeño

1. ¿Qué podemos hacer para generar un ambiente positivo y abierto para dialogar acerca de las drogas, el alcohol, el sexo, la Internet, etc., con nuestros adolescentes? ¿Cuándo ha tenido sus mejores conversaciones con ellos?

2. ¿Qué o quién ha sido de mayor ayuda para que sus adolescentes tomaran buenas decisiones?

3. ¿Qué tradiciones o rituales tiene su familia que sean del disfrute de sus hijos adolescentes?

4. ¿Qué lo impulsa a seguir adelante como padre de un/a adolescente?

5. ¿Qué le resultó de más ayuda de todo lo escuchado durante este curso?

Tarea – Complete los **Ejercicios 1 y 2** en las páginas 70 a 73

Solo para cursos de diez semanas

Diálogo en el grupo pequeño

1. ¿Qué podemos hacer para generar un ambiente positivo y abierto para dialogar acerca de las drogas, el alcohol, el sexo, la Internet, etc., con nuestros adolescentes? ¿Cuándo ha tenido sus mejores conversaciones con ellos?

____

____

2. ¿Qué o quién ha sido de mayor ayuda para que sus adolescentes tomaran buenas decisiones?

____

____

3. ¿Qué tradiciones o rituales tiene su familia que sean del disfrute de sus hijos adolescentes?

____

____

4. ¿Qué lo impulsa a seguir adelante como padre de un/a adolescente?

____

____

5. ¿Qué le resultó de más ayuda de todo lo escuchado durante este curso?

____

____

Tarea – Complete el **Ejercicio 2** en la página 73

Tarea para el hogar

Ejercicio 1

Enfrentar los retos y desafíos

Utilice la siguiente tabla para identificar sus propias tendencias. Lea cada uno de los distintos enfoques y complete los retos que actualmente esté enfrentando. Luego, al revisar todo lo aprendido durante el curso, intente desarrollar un enfoque basado en la autoridad para enfrentar sus propios retos y desafíos.

Desafío	Enfoque autoritario (severo)	Enfoque indulgente/ negligente	Enfoque con autoridad (responsable)
El/la adolescente no realiza su tarea escolar	Regañar, castigar, forzar	Sobornar, no hacer nada, "salvar" al hijo haciendo la tarea en su lugar	Mostrar interés. Comprometer al adolescente a realizar lo máximo posible. Permitir que sufra la consecuencia de no hacer su tarea para que aprenda a ser responsable
El/la adolescente desafía al/los padre/es. Es desobediente	Amenazar, forzar, mandar, reaccionar	Amenazar, pero nunca cumplir. Rogar. Renunciar	Posponer la discusión hasta que ambos se calmen. Dialogar sobre la situación. Imponer una consecuencia
El adolescente "se olvida" de ayudar en casa	Castigar, regañar, demandar que se haga en forma inmediata	Hacer dichas tareas en su lugar	Imponer una consecuencia en forma calmada, *por ejemplo: hacer que el adolescente realice una de las tareas más trabajosas de la casa*
El/la adolescente se comporta rudamente con sus padres delante de visitas	Humillar al adolescente delante de las visitas. Montar una gran escena	Simular que no lo ha notado. Rogar una conducta distinta	Hablar acerca de ello cuando se hayan retirado las visitas. Utilizar mensajes en primera persona ("yo") para expresar sentimientos, *por ejemplo: "Yo me sentí avergonzado cuando no dirigiste palabra a nuestros amigos cuando vinieron a casa"*
El/la adolescente rompe una ventana	Perder el temperamento, reaccionar, decir que son *"torpes", "estúpidos", "irresponsables"*	Decir que no importa. Dar las explicaciones del caso y pagar (usted) la reparación de la ventana	Permanecer en calma. Mostrarle al adolescente cómo recoger los vidrios sin lastimarse. Hacer que el adolescente pague la reparación con su propio dinero. Hablar acerca de cómo evitar que algo así suceda nuevamente

Ejercicio 1 (continuación)

Desafío	Enfoque autoritario (severo)	Enfoque indulgente/ negligente	Enfoque con autoridad (responsable)
El/la adolescente golpea a su hermano menor	Juzgar, culpar sin conocer los motivos, castigar	No percibir la situación. Consolar al hermano menor. Pedir al adolescente que no lo golpee	Dejar que los hermanos resuelvan sus peleas, cuando fuere posible. Usar la escucha reflexiva, *por ejemplo: "Parece que estás enojado con tu hermano".* De ser necesario, enviarlos a cuartos separados
El/la adolescente ha sido deshonesto/a	Acusar. Gritar. Desmerecer	Excusar al adolescente. Encontrar motivos por los que la situación no fue realmente seria	Usar mensajes en primera persona ("yo") para expresar decepción, *por ejemplo: "Estoy decepcionado de que tú..."* Imponer una consecuencia
El/la adolescente se emborracha	Amenazar, humillar, tratarlo como un niño/ una niña de cuatro años de edad	Ignorar, hacer bromas acerca del tema, no hacer nada al respecto	Asistir al adolescente para que se recueste y recupere. Al día siguiente reunirse con él/ella para hablar acerca de lo ocurrido
El/la adolescente pasa horas en línea	No permitir ningún momento con la computadora/el ordenador	Estar contentos de que el adolescente esté ocupado y no ande dando vueltas por las calles	Establecer límites de tiempo. No permitir que naveguen hasta que hayan concluido su tarea escolar. Animar la sociabilización dentro de la familia y con sus amigos
El/la adolescente quiere dormir con su novia/o	Enojarse, gritar, acusar, humillar	Permitir que el/la adolescente haga lo que le plazca. Evitar el tema	Establecer una cita con el adolescente para tener un diálogo acerca del contexto adecuado para el sexo. Hablar acerca de los efectos de dormir juntos y luego separarse
Sospechan que el adolescente está consumiendo drogas	Acusar al adolescente, rechazar permitirle salir con sus amigos	Pensar que las drogas son un tema demasiado difícil como para abordar. Esperar que el adolescente se detenga en algún momento	Tener una charla con el adolescente acerca de los efectos a largo plazo del consumo de drogas. Usar los "Seis pasos para resolver conflictos" para ayudar al adolescente a lidiar con las presiones de su grupo de pares
El/la adolescente nos se comunica y es antisocial	Enfadarse, criticar al adolescente	Minimizar cualquier interacción. Dejar de comer juntos como familia	Utilizar los principales lenguajes del amor del adolescente para desarrollar relaciones. Seguir teniendo las comidas en familia

Ejercicio 1 (continuación)

Desafío	Enfoque autoritario (severo)	Enfoque indulgente/ negligente	Enfoque con autoridad (responsable)
El/la adolescente se rehusa a unirse a las vacaciones familiares	Insistir, amenazar	Rendirse. Dejar que el adolescente haga lo que quiera	Emplear los "Seis pasos para resolver conflictos"
Nuestro propio desafío/reto			
Nuestro propio desafío/reto			
Nuestro propio desafío/reto			

Adaptado de Michael y Terri Quinn, *What Can a Parent Do?* *(en español: "¿Qué puede hacer un padre?")*

Ejercicio 2

Puesta en práctica

De todo lo aprendido durante el curso, ¿qué le ha resultado de más ayuda y por lo tanto desearía recordar?

1. ______________________________

2. ______________________________

3. ______________________________

Apéndice 1

Las familias del sofá del "Curso para padres de familia"

Estamos muy agradecidos a los padres e hijos que aceptaron aparecer en los DVD y hablar acerca de sus propias experiencias de criar y ser criados, respectivamente. Los nombres que aparecen en **negrita** corresponden a los miembros de las familias que aparecen en los DVD.

Abi
Dayo (19) Dami (14) Timi (7)
Abi está casada pero lleva adelante su maternidad en soledad, ya que su esposo está residiendo en el Extranjero.

Annie y Silas
Jessie (19) Zac (18) **Mo (16)** Minnie (13) **Tallulah (13)**

Carol
David (20) **Peter (18)** Anna (16)
Carol es una madre soltera.

Chee-Chow y **Tim Kee**
Joel (22) **Rebekah (18)**

Con y **Madeleine**
Henry (15) **Amelia (12)** Tom (11) **Charlie (7)** Johnnie (18 meses)

Dale y **Ginny**
Tres hijos adultos.

Denise y **Vincent**
Daniel (23) Matthew (21)

Elaine y Peter
Hilary (27) Patrick (24) **Emma (19)**

Eli y Jon
Noelle (15) Jocosa (2)
Eli crió a Noelle durante muchos años como madre soltera. Ahora está casada con Jon, y Jocosa es su hija en común.

Eric y **June**
Reanne (13) Sarah (11)

Helen y **Ken**
James (20) Naomi (18) Tom (16) Pip (14) Joseph (12)
Helen y Ken están llevando adelante una familia "mixta" pues ambos tienen hijos de matrimonios anteriores.

Jo y **Tim**
Bex (15) Luke (13) Emma (12)

Karen y **Paul**
Liam (23) Christian (21) Hannah (18)

Niyi y Oyinkan
Tosin (13) Obafemi (9) Adeolu (6)

Pandora
Cuatro hijos adultos
Pandora es una madre soltera.

Paul y **Philomena**
Patrick (16) **Emily (15) Johnnie (11) Max (10)**

Pauline y **Owen**
Yasmin (16) Rhianna (14) Daisy (10)

Simon y **Janet**
Matthew (17) Alastair (15) Dominic (12)

Steve y **Rachel**
Lauren (17) Liam (10)
Raquel es la madre adoptiva de Lauren y Liam.

Weng
Alexander (18) Oliver (16)
Weng es una madre soltera (con custodia compartida).

Apéndice 2

Expertos en paternidad

Estamos muy agradecidos a los siguientes "expertos" en paternidad, quienes generosamente han contribuido a la preparación de los DVD. A continuación podrá conocer los detalles de contacto de ellos o sus organizaciones, así como la información para acceder a sus publicaciones.

Harry Benson – fundador de "Bristol Community Family Trust"; involucrado con cursos de política, investigación y relación familiar; autor de "Let's Stick Together: The Relationship Book For New Parents" *(en español, "Permanezcamos juntos: el libro de relaciones para nuevos padres").* **bcft.co.uk**

Lucinda Fell – directora de Política y Comunicaciones en "Childnet International", una organización sin fines de lucro que ayuda a lograr que la Internet sea un lugar seguro para los niños y adolescentes. Para acceder al amplio abanico de recursos que ofrece Childnet para apoyar a padres y tutores, visite **childnet.com** y **digizen.org**

Glynis Good – consejera de relaciones familiares y de pareja en Dublin, Irlanda, con una preocupación particular en apoyar a los jóvenes a través del duro impacto de la separación de los padres; autora de "When Parents SPLIT: Support, information and encouragement for teenagers" *(en español, "Cuando los padres se separan: apoyo, información y aliento para los adolescentes").* **whenparentssplit.com**

Timothy Johns – director de la escuela "The Hawthorns School" (Bletchingly, Surrey RH1 4QJ), una escuela de día co-educativa para niños de 2 a 13 años de edad.

Julie Johnson – consultora y entrenadora; presentadora de talleres sobre paternidad en el área de Londres, Reino Unido; consejera familiar especializada en niños y adolescentes; terapista "Human Givens"; especialista en asuntos relacionados al crecimiento y la adolescencia, la intimidación ("bullying"), pérdidas y cambios, incluyendo el duelo y la separación de los padres; autora de "Being Angry" y "Bullies and Gangs" *(en español, "Estar enojados"* y *"Agresores y pandillas")* (ambos son parte de la serie para niños de 5 a 10 años de edad titulada "Thoughts and Feelings" *(en español, "Pensamientos y sentimientos"),* publicada por Franklin Watts) y "How Do I Feel About My Stepfamily" *(en español, "Cómo me siento con mi familia adoptiva").* **julie.johnson@virgin.net**

Rob Parsons – presidente y fundador de "Care for the Family"; autor de "The Sixty Minute Father" y "Teenagers: what every parent has to know" *(en español: "Padre en sesenta minutos"* y *"Adolescentes: lo que cada padre debe saber"),* entre otros libros sobre paternidad; orador internacional sobre vida familiar y negocios. Visite **careforthefamily.org.uk** para conocer mayores recursos en apoyo de muchas áreas de la vida familiar.

Dra. Aric Sigman – psicólogo; biólogo; comunicador; orador de negocios; autor de "Remotely Controlled: How television is damaging our lives", "The Spoilt Generation: Why restoring authority will make our children and society happier" y "Alcohol Nation: How to protect our children from today's drinking culture" *(en español: "Remotamente controlados: cómo la TV está dañando nuestra vida", "La generación estropeada: por qué restaurar la autoridad hará que nuestros hijos y la sociedad sean más felices" y "Nación del alcohol: cómo proteger a nuestros hijos de la cultura actual del alcoholismo").* **aricsigman.com**

Dra. Pat Spungin – psicóloga infantil y especialista en vida familiar; autora de "Silent Nights", "The Haynes Teenager Manual: The practical guide for all parents", "The Parentalk Guide to Brothers and Sisters" (co-escrito con Victoria Richardson) y "Understand Your Family" (Editora consultora). *(en español: "Noches tranquilas", "El manual Haynes sobre adolescentes: la guía práctica para todo padre", "La guía de orientación parental para hermanos y hermanas" y "Comprender a su familia").* **drpatspungin.co.uk**

Si tuviere interés en conocer más acerca del "Curso para padres de familia" (infancia y adolescencia), saber dónde se está llevando a cabo un curso o tener información sobre cómo iniciar uno, por favor escríbanos a: americas@alpha.org

También puede visitar los siguientes enlaces: www.alpha.org
En América Latina: www.alpha.org/latam)

Si tuviere interés en conocer más acerca de la fe cristiana y quisiera estar en contacto con el Curso Alpha más cercano, por favor contáctese con:

La oficina de Alpha International
Alpha International
Holy Trinity Brompton
Brompton Road
Londres SW7 1JA
Reino Unido
e-mail: americas@alpha.org
www.alpha.org

En las Américas
Alpha América Latina y el Caribe
e-mail: latinoamerica@alpha.org
www.alpha.org/latam

Alpha Argentina
Buenos Aires
Argentina
e-mail: karen.tigar@alpha.org

Alpha Costa Rica
San José
Costa Rica
e-mail: wendy@alphacostarica.org
e-mail: otto@alphacr.org

Alpha México
Cuidad de México, DF
México
e-mail: oficinaalphamexico@gmail.com
e-mail: fundacionalpha@gmail.com

Alpha en el Caribe
Chaguanas
Trinidad, W.I.
e-mail: evangelizationcommission@yahoo.com

En España y Europa
Alpha España
Madrid
España
e-mail: info@cursoalpha.es
www.cursoalpha.es

En América del Norte
Alpha EE.UU.
Deerfield, IL
EE.UU.
e-mail: info@alphausa.org
www.alphausa.org

En Canadá
Alpha Canadá
Richmond, BC
Canadá
e-mail: office@alphacanada.org
www.alphacanada.org

Para comprar recursos en Canadá
David C. Cook Distribution Canadá
Paris, ON
Canadá
e-mail: custserve@davidccook.ca
www.davidccook.ca

También por Nicky y Sila Lee

NICKY Y SILA LEE

Best-seller autores **de Él y Ella**

EL LIBRO PARA PADRES DE FAMILIA